Kunstgeschichte für Kinder

Von der Höhlenmalerei bis zur modernen Kunst

9. Auflage 2026

Konzept & Idee: Eckhard Berger
Texte: Eckhard Berger
Gestaltung & Illustration: Barbara & Eckhard Berger
Satz: Kohl-Verlag
Fotos: Archiv Teamberger, Adrian Berger, Barbara Berger
Druck: farbo prepress GmbH, Köln

Bestell-Nr. 12 284

ISBN: 978-3-96040-456-9

Kontakt: Kohl-Verlag, An der Brennerei 37-45, 50170 Kerpen
Tel: +49 2275 331610, Mail: info@kohlverlag.de

Inhalt

KOHL VERLAG Lernen mit Erfolg
KUNSTGESCHICHTE FÜR KINDER
Von der Höhlenmalerei bis zur modernen Kunst – Bestell-Nr. 12 284

Inhalt

Vorwort und Anleitung

Kunstgeschichte für Kinder ist speziell für alle Kinder von der 2. bis 6. Klasse nach einem innovativen und effektiven Konzept entwickelt worden. Es ist ein grundlegendes Lern- und Lehrbuch für den modernen Kunstunterricht, fächerübergreifenden Unterricht, die Arbeitsgemeinschaften, Kurse und Projekte im Rahmen der verpflichtenden Bildungsvorgaben und Standards.

Kunstgeschichte für Kinder ist auch zur Förderung in der Freizeit geeignet.

In der praktischen Erprobungsarbeit zeigte sich schnell, wie sehr begeistert und hoch motiviert Kinder erfolgreich kunstgeschichtliche Inhalte aufnehmen und gestalterisch umsetzen. Grundwissen zum Wiedererkennen, Verstehen und Einordnen und fantastische Praxisergebnisse entstanden.

Die spannende Geschichte der Kunst begann nach neuen wissenschaftlichen Erkenntnissen vor etwa 40.000 Jahren mit der Höhlenmalerei. Sehr viel später folgte die Kunst der Antike, des Mittelalters und der Neuzeit.
Nach dem Beginn der klassischen Modernen vor über 150 Jahren entwickelte sich die Kunst der Gegenwart mit ihren zahlreichen Ausdrucksmöglichkeiten in einer atemberaubenden Geschwindigkeit.

Kunstgeschichte für Kinder vermittelt als optimales Lern- und Lehrmittel den Kindern elf relevante chronologisch aufgebaute Epochen von der Höhlenmalerei bis zum Expressionismus sofort verständlich in kindgerechter Form.

Jede Epoche wird mit einem prägnanten Sachtext mit den wesentlichen Fakten und exklusiv ausgewählten Fotomaterialien vorgestellt. Ein beispielhaftes und berühmtes Kunstwerk wird im Kontext zur Epoche mit Neugier fördernden Fragen und Aufträgen von den Kindern erforscht. Eine kreative Aufgabenstellung folgt unter Einsatz verschiedener Materialien. Den Abschluss bilden ein oder mehrere Werkbeispiele und weiterführende Aufgaben.
Eindeutige Zeichen geben schnell nützliche Orientierungshilfen.

Jede Epoche lässt sich als kurze oder erweiterte Unterrichtseinheit einzeln oder aufbauend im Zusammenhang mit weiteren Epochen durchnehmen. Eine Verknüpfung mit Einheiten anderer inhaltlicher Bereiche ist auch möglich.

Neben den Farbstiften, Filz-, Faser- und Buntstiften, kommen weitere Mittel und Materialien zum Einsatz. Dazu gehören Pinsel, Tuschfarben und der Zeichenblock.

Nach jeder Unterrichtseinheit werden die Ergebnisse gemeinsam betrachtet und besprochen. Das geschichtliche Wissen wird gesammelt und wiederholt. Alle Bilder werden ausgestellt und später in Mappen aufbewahrt.

Viel Freude, Spaß und Erfolg wünschen bei dem Einsatz des Buches **Kunstgeschichte für Kinder** der

Kohl-Verlag und ***Eckhard Berger***

Für eine Erweiterung der Unterrichtseinheiten werden folgende Praxiswerke aus dem Kohl-Verlag besonders empfohlen:
Kunstwerke für Schulen
Künstler in die Klassen
Kunstwerke entdecken und anmalen
Kunst in drei Niveaustufen
... Anmalen und weitergestalten, 22 Bände mit den bedeutendsten Künstlern der Kunstgeschichte
Moderne Kunst
Internationale Gegenwartskunst

www.kohlverlag.de
www.teamberger.de

Höhlenmalerei *vor um 40.000 bis um 15.000 Jahren*

i Die Menschen in der Altsteinzeit lebten nicht so wie wir heute. Sie waren Jäger und Sammler, waren mit Fell und Häuten bekleidet und wohnten in Kuhlen, unter Felsüberhängen, in Hütten, Zelten und in Höhlen (Foto). Viele Gefahren gab es für sie, zum Beispiel Unwetter, Krankheiten und Tiere. Die wenigen Werkzeuge, die sie besaßen, waren aus Stein, der dieser Zeit den Namen **Steinzeit** gab. Es waren der Faustkeil, Schaber und die Spitze von Pfeilen und Speere.

Sehr viel Zeit verbrachten sie damit, sich Nahrung zu besorgen. Sie sammelten Pflanzen und Beeren und gingen auf die Jagd. Trotzdem blieb Zeit übrig, auf die Wände und Decken der Höhlen, in denen sie geschützt wohnten, zu malen und kleine Tonfiguren zu gestalten. So wurden die ältesten Höhlenmalereien vor etwa 38.000 Jahren gefertigt. Die Abbildungen waren oft die Jagdtiere: Hirsche, Rehe, Mammuts, Wildpferde, Wisente oder Auerochsen. Manchmal waren auch Menschen zu sehen.
Um in dem dunklen Raum malen zu können, wurde als Lichtquelle ein mit Fett gefülltes Gefäß benutzt, in das ein Docht gehängt wurde. Die Bilder waren nicht nur Dekoration und Verehrung der Tiere, sondern auch Beschwörung des Jagderfolgs.
Diejenigen, die sie schufen, waren hoch angesehen. Sie benutzten die Kohle von Hölzern und Knochen für Schwarz und zerriebene tonhaltige Erde und Steine für Braun und Rot. Ihnen wurde Kalk und Wasser und gelegentlich auch Blut beigemischt.
Gemalt wurde mit den Fingern, Fingernägeln oder auch mit Pinseln aus Zweigen oder Fellbüscheln. Manchmal wurde auch der Mund mit Farbe gefüllt. Mit Hilfe eines Blasrohres wurde sie versprüht.
Die ersten Höhlenmalereien wurden zufällig entdeckt. So fand ein Jäger 1868 die Höhle von **Altamira**, als er seinen Hund suchte. Die Wisente wurden 1879 erstmals von einem 8-jährigen Mädchen entdeckt, als es eine Höhle betrat und neugierig zur Decke schaute.

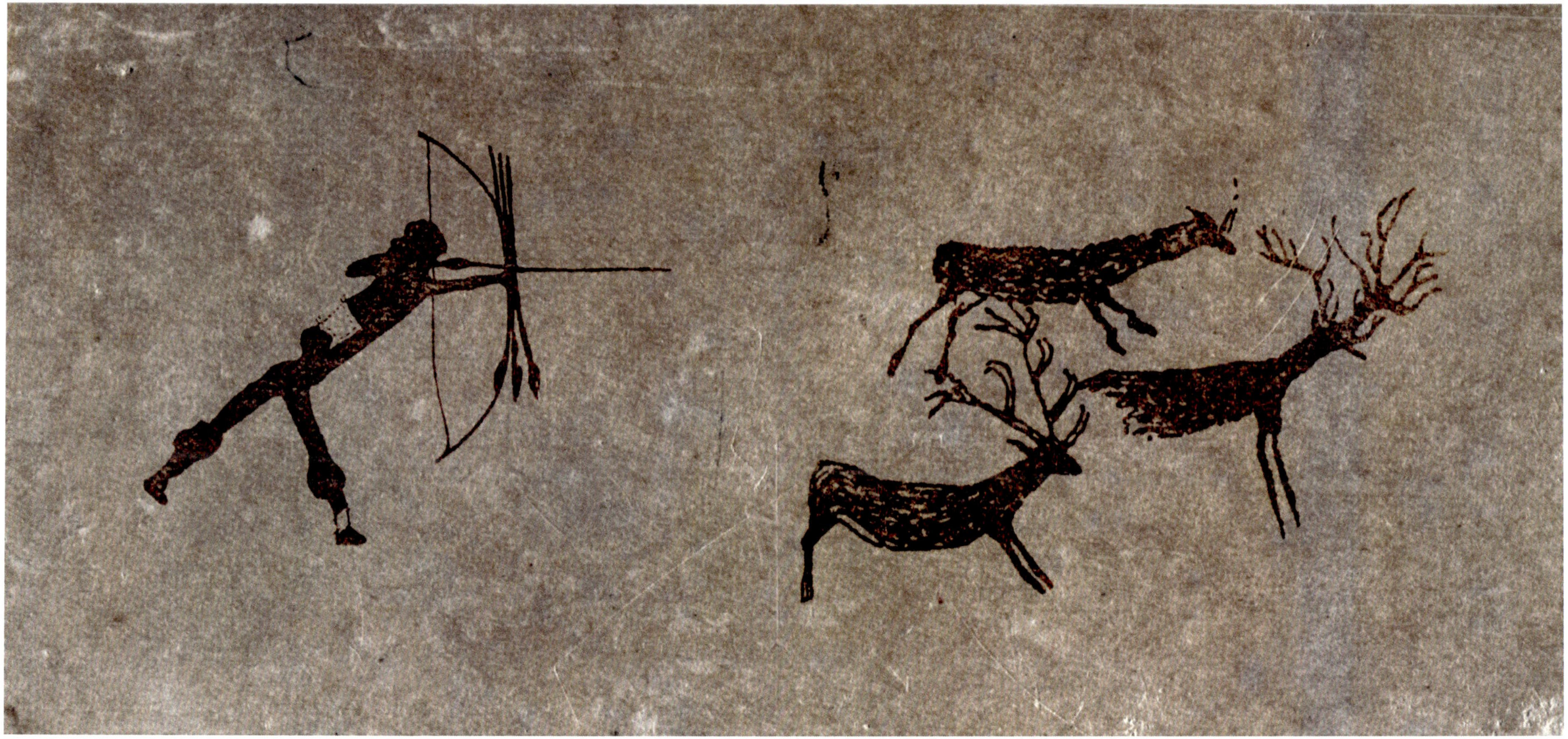

Jagdszene (Höhlenmalerei)

- Wo wohnten die Menschen in der Altsteinzeit?
- Kennst du die Tiere in der Abbildung **Jagdszene**?
- Beschreibe, wie sie gejagt wurden.
- Warum bemalten die Steinzeitmenschen ihre Höhlen?
- Erkläre, wie die braune Farbe für die Höhlenmalereien hergestellt wurde.

Du siehst den Weg in der Höhle nach draußen. Zeichne mit dem schwarzen, braunen und roten Stift vereinfacht Tiere und Menschen auf die Decke (⬆) und an die Wände der Höhle.

KOHL VERLAG Lernen mit Erfolg
KUNSTGESCHICHTE FÜR KINDER
Von der Höhlenmalerei bis zur modernen Kunst – Bestell-Nr. 12 284

Menschen und Tiere (Höhlenmalerei)

Jagdtiere (Höhlenmalerei)

- Zeichne die Jagdtiere in den kleinen weißen Flächen weiter.
- Zeichne in die große weiße Fläche ein Tier, das heute gejagd wird.

Ägyptische Kunst *um 3000 bis 30 v. Chr.*

i

Das alte Ägypten lag im Norden Afrikas am Mittelmeer. Es bestand über 3.000 Jahre lang und endete mit dem Tod der bekannten Königin **Kleopatra**. Ein langer Fluss, der **Nil**, führte mitten durch das Land und machte es fruchtbar. Herrscher waren immer die Pharaonen. Sie bestimmten alles und wurden von den Untertanen verehrt und wie Götter behandelt.
Die Ägypter glaubten fest an ein Leben nach dem Tod. Der Körper des Verstorbenen musste dafür allerdings erhalten bleiben. Deshalb wurde er einbalsamiert. Die Bestattung war zum Schutz vor Dieben unterirdisch in einem Grab oder einer Grabkammer. Hier wurden auch einige Dinge des täglichen Lebens dazugelegt, zum Beispiel Möbel, Nahrungsmittel, Schmuck, Waffen und Spiele. Die Wände der Kammern wurden mit Malereien und Inschriften verziert.
Die riesigen Pyramiden sind auch Grabstätten, die die Pharaonen sich während ihrer Lebenszeit mit sehr viel Aufwand aus schweren Steinblöcken errichten ließen. Die größte ist die **Cheopspyramide**.

Sie wurde von mehr als 40.000 Arbeitern errichtet. Geheimgänge im Inneren führten zu den Kammern, in denen die Pharaonen geschützt vor Tieren und Räubern als Mumien mit vielen schönen und kostbaren Gegenständen lagen.
Hier waren die Wände mit vielen Malereien, Zeichnungen und der Bildzeichenschrift, den **Hieroglyphen**, verziert. Häufige Bilder waren Götter und Menschen bei der Jagd und beim Fischfang.
Bei der Darstellung von Körpern wurde folgende Regel eingehalten: Augen und Schultern waren von vorne und Kopf, Beine und Füße von der Seite zu sehen. Die Haut der Frauen wurde heller als die der Männer dargestellt.
Die Ägypter schufen auch zum Teil große Steinfiguren. Die eingesetzten Werkzeuge waren aus noch viel härterem Gestein. Dabei wurden meistens Pharaonen dargestellt.

Vogeljagd in den Sümpfen (Wandbild in einem Grab) 1350 v. Chr.

- Erzähle, wie der Mann die Vögel fängt und welche Tiere ihm dabei helfen.
- Was schwimmt unten im Wasser des Nils?
- An welcher Stelle im Bild siehst du Hieroglyphen?
- Wie sind das Auge und die Schulter mit den Armen und der Kopf, die Beine und die Füße dargestellt?
- Schaffst du es, dich wie der Jäger hinzustellen?
- Erfinde eine kleine Geschichte zu dem Bild.

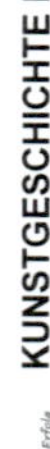

- Zeichne links unten auf den angefangenen Strichlinien die zwei Fische weiter.
- Male die Fische, den Schmetterling und den Jäger an.

Vor dem Ausstampfen des Getreides (Wandbild)

Hieroglyphen

Pharao Ramses

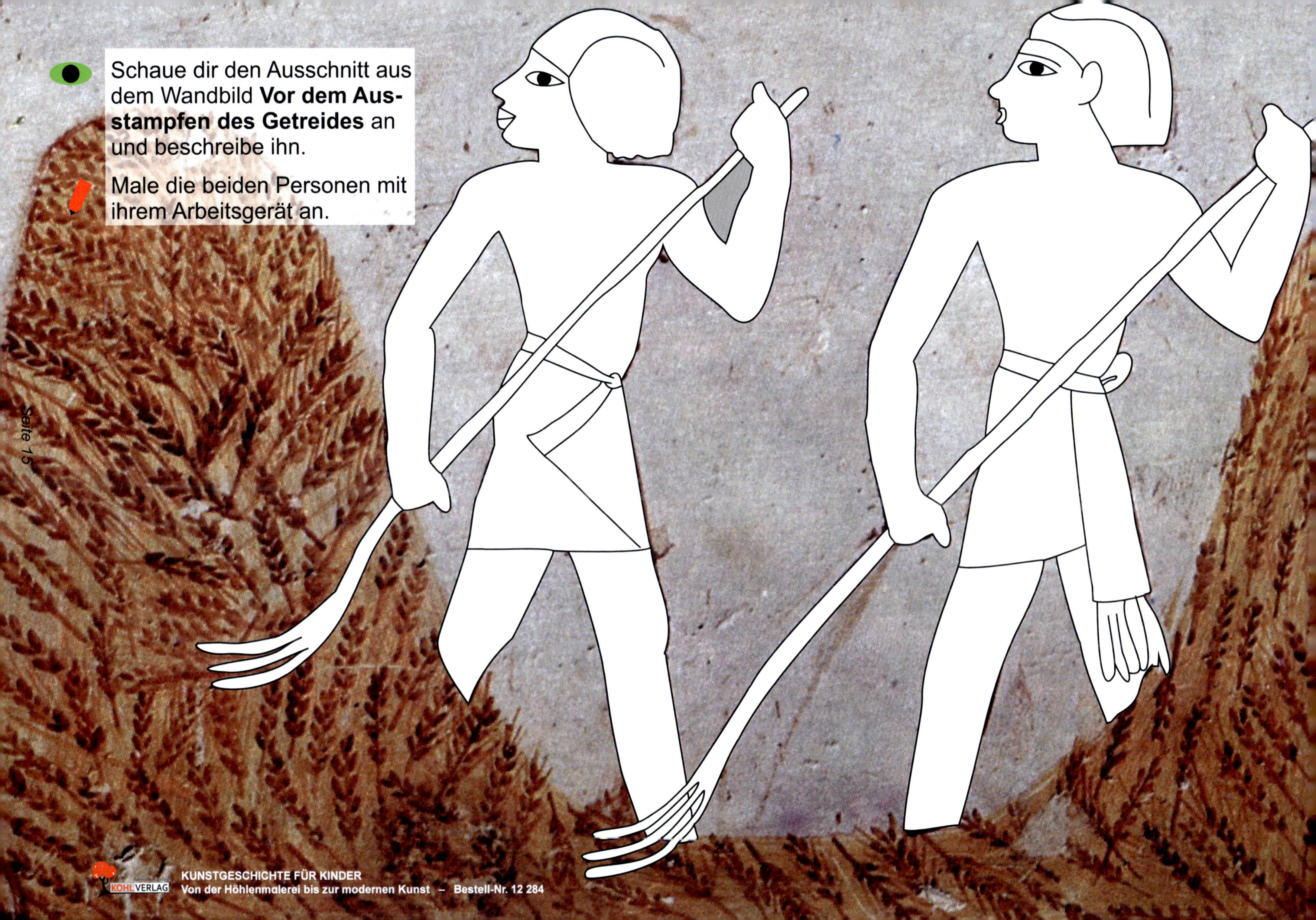

Schaue dir den Ausschnitt aus dem Wandbild **Vor dem Ausstampfen des Getreides** an und beschreibe ihn.

Male die beiden Personen mit ihrem Arbeitsgerät an.

Griechische Kunst *um 1000 bis um 100 v. Chr.*

i Die Kunst sollte im alten Griechenland eine große Rolle spielen und später nachfolgende Stile beeinflussen.
Die Griechen glaubten an viele verschiedene Götter. Da gab es zum Beispiel **Zeus**, der mächtigste Gott, **Hera**, seine Frau, **Poseidon**, sein Bruder, und der Gott des Meeres, **Hades**, sein weiterer Bruder und der Herrscher der Unterwelt, **Apollo**, der Gott der Heilung und des Lichtes, und **Demeter**, die Göttin der Fruchtbarkeit und des Ackerbaus. Sie alle hatten menschenähnliche Eigenschaften.

Die Griechen verehrten sie und bauten für sie kunstvolle Tempel mit Säulen außen, die am Kopfende oben verziert waren, und Wandmalereien innen.
Alle Tempel wurden nach festgelegten Merkmalen besonders genau geplant. Architekten berechneten die Proportionen, damit sie harmonisch und elegant wirken sollten. Sie hatten einen Giebel und waren von Säulen umgeben. Ein sehr schönes Beispiel ist der **Parthenon** (Foto) aus weißem Marmor in Athen. In seinem Inneren war eine kostbare Götterstatue aus Gold, Elfenbein und Marmor.
Künstler begannen, Statuen aus Marmor, Ton und Bronze mit Götter- und Menschendarstellungen zu schaffen. Sie waren fein mit Einzelheiten bearbeitet und oft zusätzlich mit Holz, Metall und Elfenbein verziert. Sie wurden als Geschenke an die Götter in den Tempeln oder als Erinnerung an Verstorbene auf Gräbern aufgestellt.
Auch Vasen, Schalen, Teller und Krüge wurden aus Ton hergestellt. Anfänglich hatten sie feine gleichmäßige fortlaufende Muster, die als **Mäander** bezeichnet werden. Später wurden Muster mit einfachen menschlichen Figuren und danach Menschen und Tiere dargestellt. Alles wurde sorgfältig auf den Ton mit Pinseln gemalt oder mit spitzen Werkzeugen geritzt.
Später gab es eine Zeit, in der auf die Vasen schwarze Figuren auf einen rotbraunen Untergrund gemalt wurden. Anschließend war es umgekehrt: Rotbraune Figuren entstanden auf schwarzem Untergrund.

KOHL VERLAG Lernen mit Erfolg
KUNSTGESCHICHTE FÜR KINDER
Von der Höhlenmalerei bis zur modernen Kunst – Bestell-Nr. 12 284

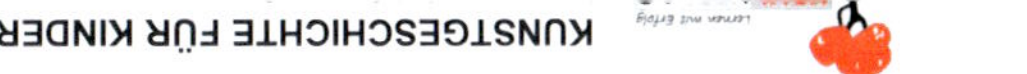

- Welche Sportart ist dargestellt?
- Ist es eine rotbraun- oder schwarzfigurige Darstellung?
- Nenne andere Kunstformen in der griechischen Kunst.

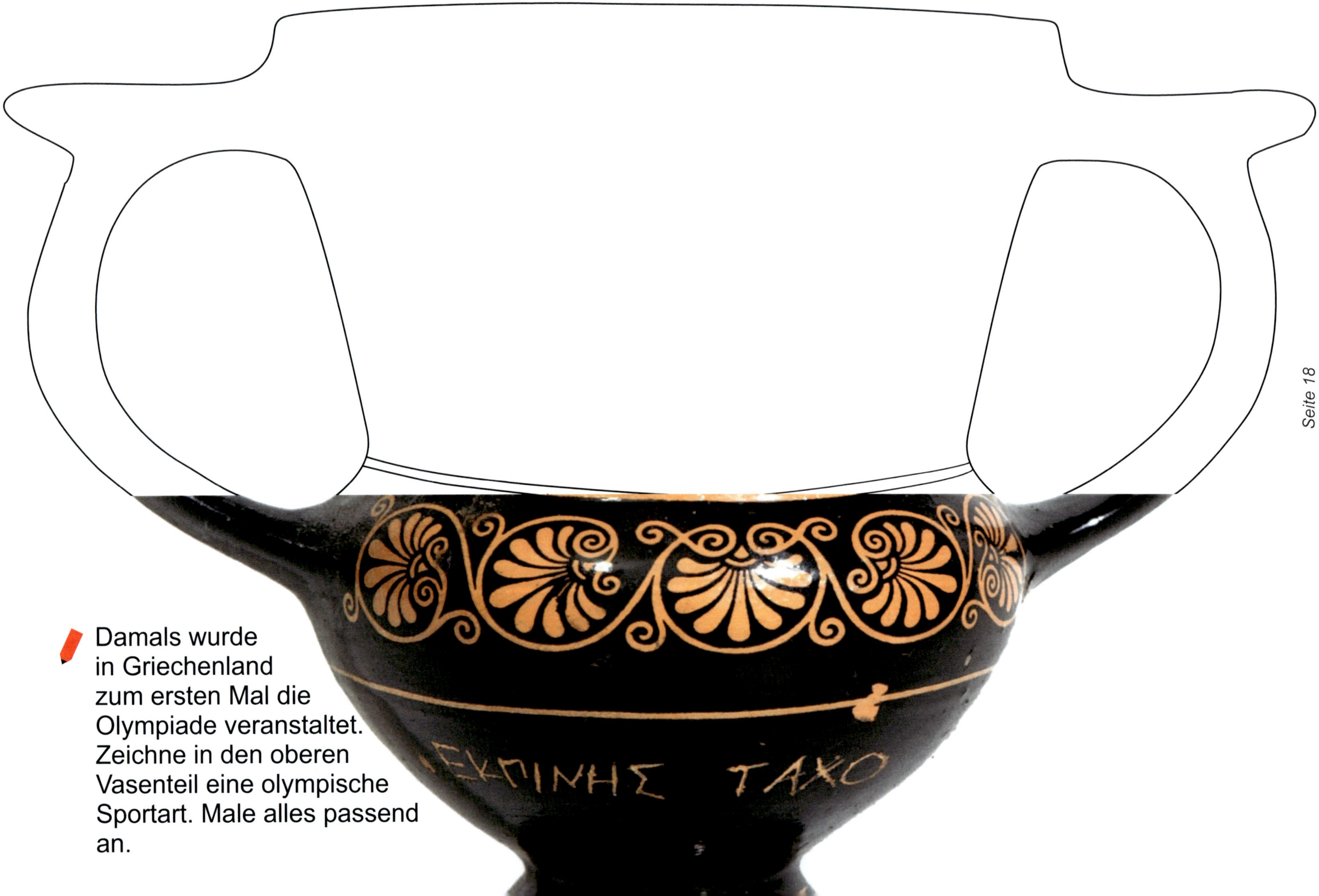

Damals wurde in Griechenland zum ersten Mal die Olympiade veranstaltet. Zeichne in den oberen Vasenteil eine olympische Sportart. Male alles passend an.

Zeus (in der Mitte sitzend) und andere griechische Götter

Akropolis (Athen)

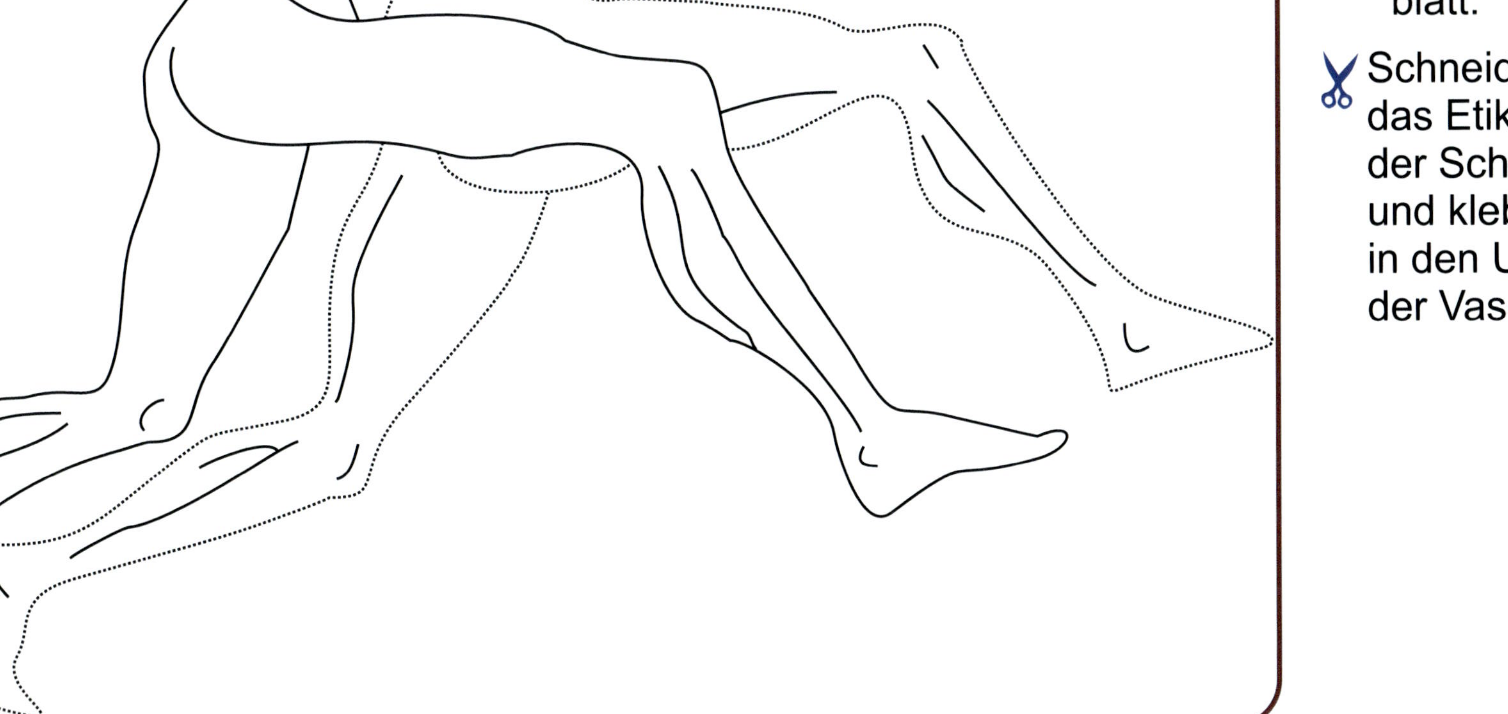

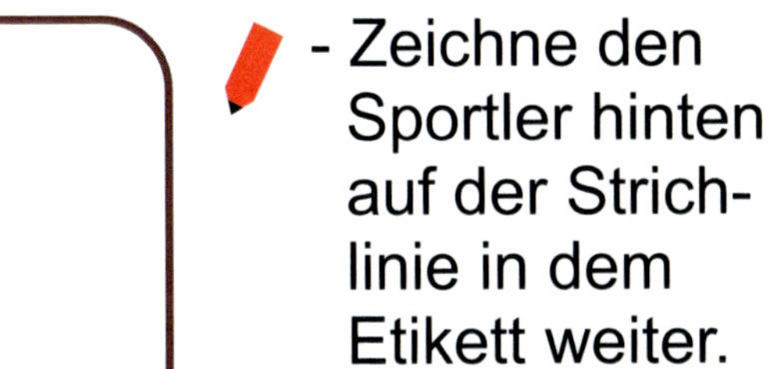

- Zeichne den Sportler hinten auf der Strichlinie in dem Etikett weiter.
- Male beide Sportler an.
- Zeichne einen dunklen Umriss einer Vase auf einem großen Zeichenblockblatt.

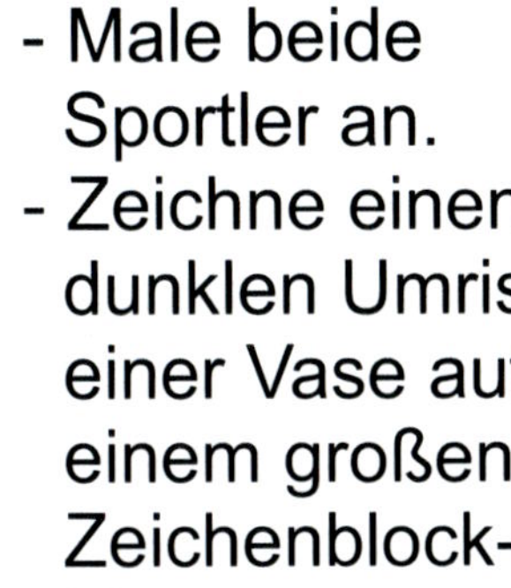

Schneide dann das Etikett mit der Schere aus und klebe es in in den Umriss der Vase.

Römische Kunst *um 100 v. Chr. bis um 400 n. Chr.*

i Von der Stadt **Rom** aus eroberten die Römer **Italien** und schließlich im Lauf der Zeit alle Gebiete um das **Mittelmeer**. Sie beherrschten auch **Griechenland**.
Sie verehrten viele Götter und bewunderten die griechische Kunst, die sie durch Handel bereits kannten.

Sie schmückten großzügig ihre Häuser (Foto oben) mit echten oder von ihnen nachgemachten griechischen Skulpturen und Säulen. Sie holten Bildhauer aus Griechenland nach Rom, um von ihnen zu lernen.
Auch lernten sie von griechischen Architekten. Im Gegensatz zu ihnen entwickelten sie bald die Stützbögen und konnten somit größere Brücken, Tore und Bauten errichten, zum Beispiel in Rom das **Kolosseum** (Foto Mitte), ein Freilufttheater mit mehr als 50.000 Sitzplätzen.
Die Griechen waren auch ihre Vorbilder für Wandmalereien. In der Stadt **Pompeji** (Foto unten) sind Beispiele bis heute erhalten geblieben, weil sie damals von Asche durch den Vulkanausbruch des **Vesuvs** überschüttet und viel später freigelegt wurden.
Besonders kreativ zeigten sich die römischen Kunsthandwerker bei der Herstellung von Mosaiken, mit denen sie die Fußböden ihrer Häuser und Schwimmbäder verschönerten. Viele kleine eckige flache Teile aus Glas, Stein oder Ton klebten sie auf einem Untergrund zusammen. Dabei wurden Götter, Personen, Landschaften, Tiere, Pflanzen, Stillleben und Schlachten abgebildet.

Fische, Mosaik

- Welche Kunstarten haben die Römer von den Griechen gelernt?
- Was ist ein Mosaik?
- Wie wurden die Mosaiksteine auf dem Untergrund befestigt?
- Nenne Themen, die die römischen Mosaiken zeigen.

Klebe ein Blatt Papier an und zeichne den Fisch ohne Mosaiksteine weiter. Male ihn braun und blau an.

So gestaltest du mit deinen Mitschülern auf einer Tapetenbahn ein Mosaikkunstwerk: Schneidet mit der Schere viele kleine bunte eckige Papierstücke aus Zeitschriften, Katalogen und Prospekten und klebt sie zu vielen verschiedenen bunten Fischen zusammen.

Mosaik in einer römischen Villa (Sizilien)

Apollo mit der Leier (Wandbild) um 50

- Male das Wasser, ein paar Wolken und die Sonne dazu.
- Zeichne in den Umriss des Römerschiffs ein buntes Muster oder male es an.

Mittelalter und Gotik *um 500 bis um 1500*

Das Reich der Römer brach im 5. Jahrhundert nach der Geburt Christi zusammen und viele Errungenschaften gerieten allmählich in Vergessenheit. Dazu gehörte auch das Kunstwissen. Kriege und Völkerwanderungen fanden jetzt in Europa statt.

Die Zeit des Mittelalters begann. Das Christentum breitete sich aus. Burgen (Foto oben), Klöster, Kirchen und Städte entstanden. Die einfachen Menschen hatten sehr wenig Rechte und mussten sich unterordnen.
Die Kunst entwickelte sich weiter. Die Adeligen und die Kirche waren die Hauptauftraggeber.
Über ganz Europa breitete sich ein neuer Stil aus, die **Gotik**. Der Name bedeutet **barbarisch**, weil der neue Stil weder dem römischen noch dem griechischen ähnlich war. Kirchen wurden recht aufwändig gebaut. Ein bekanntes Beispiel ist der **Kölner Dom** (Foto Mitte).
Viele Kunstwerke entstanden: Malereien, Zeichnungen, Teppiche, Buntglasfenster (Foto unten), Skulpturen und der Buchdruck.
Zu den bekanntesten Malern gehörten **Giotto di Bondone** und **Duccio di Buoninsegna** aus Italien. Sie schufen Gemälde mit religiösen Themen. Menschen wurden sehr genau mit ausdrucksstarken maskenhaften Gesichtern und meist fallender Kleidung gemalt. Das Bild **Madonna mit Kind** von Giottto di Bondone ist ein Beispiel dafür. Es zeigt **Maria** mit **Jesus** auf dem Arm.

KOHL VERLAG Lernen mit Erfolg
KUNSTGESCHICHTE FÜR KINDER
Von der Höhlenmalerei bis zur modernen Kunst – Bestell-Nr. 12 284

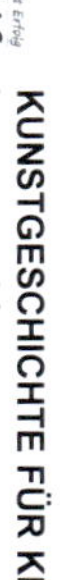

Giotto di Bondone **Madonna mit Kind** um 1320

- Nenne die Namen der dargestellten Personen.
- Wurde die Kleidung der Madonna fallend oder eng anliegend gemalt?
- Wie heißt eine bekannte gotische Kirche?

Male die Kleidung der Madonna in einer blauen Farbe an.

KOHL VERLAG Lernen mit Erfolg
KUNSTGESCHICHTE FÜR KINDER
Von der Höhlenmalerei bis zur modernen Kunst – Bestell-Nr. 12 284

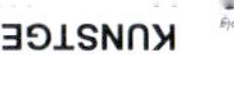

Duccio di Buoninsegna **Geburt Christi** 1308 bis 1311 (Altarbild)

Schaue dir den Ausschnitt genau an und finde ihn in dem Gemälde **Geburt Christi**. Erzähle die Geschichte von der Geburt.

Male das Bild in den weißen Flächen an.

Renaissance *um 1450 bis 1600*

i **Renaissance** bedeutet „Wiedergeburt". Das Interesse an der Kunst des vergangenen römischen Reiches kam wieder auf. Die Kirche, Adlige und reiche Kaufleute beauftragten die Maler und Bildhauer. Künstler unterschrieben jetzt zum ersten Mal, was sie schufen. Auch tauschten sie sich häufig mit Wissenschaftlern aus. Sie brachten neues Wissen hervor, um die Welt weiter zu verstehen. Es sollte den Menschen besser ergehen.
Bedeutende Künstler waren **Leonardo da Vinci**, **Michelangelo** und **Raffael**. Sie waren beinahe so bekannt und wertgeschätzt wie der Papst und die Adligen.
Leonardo da Vinci war zugleich Wissenschaftler, Forscher, Gelehrter, Philosoph, Ingenieur und Erfinder. Er malte das weltberühmte Bild **Mona Lisa**. Beispiele seiner vielen Erfindungen sind ein Hubschrauber und Taucheranzug. Viele Brücken und Kanäle konstruierte er.
Merkmale der Renaissance sind, dass Personen unverfälscht und sehr genau wie das berühmte Bild **Mona Lisa** dargestellt wurden.
Die **Zentralperspektive** wurde erfunden, damit Bauten, Räume und Gegenstände so gemalt werden konnten, wie sie in der Wirklichkeit aussahen.

Leonardo da Vinci beweist mit dem Bild **Abendmahl** mit Jesus und seinen Jüngern (Foto oben), dass er die Perspektive richtig malen konnte. Obwohl es sich auf einer glatten Wand befand, erzeugt er den Eindruck, einen weit nach hinten gestreckten Raum zu sehen. Nach hinten stellt er alles kleiner dar.

Leonardo da Vinci **Mona Lisa** 1503 bis 1505

- Hat der Künstler Mona Lisa stehend oder sitzend gemalt?
- Bilde ihre Position nach.

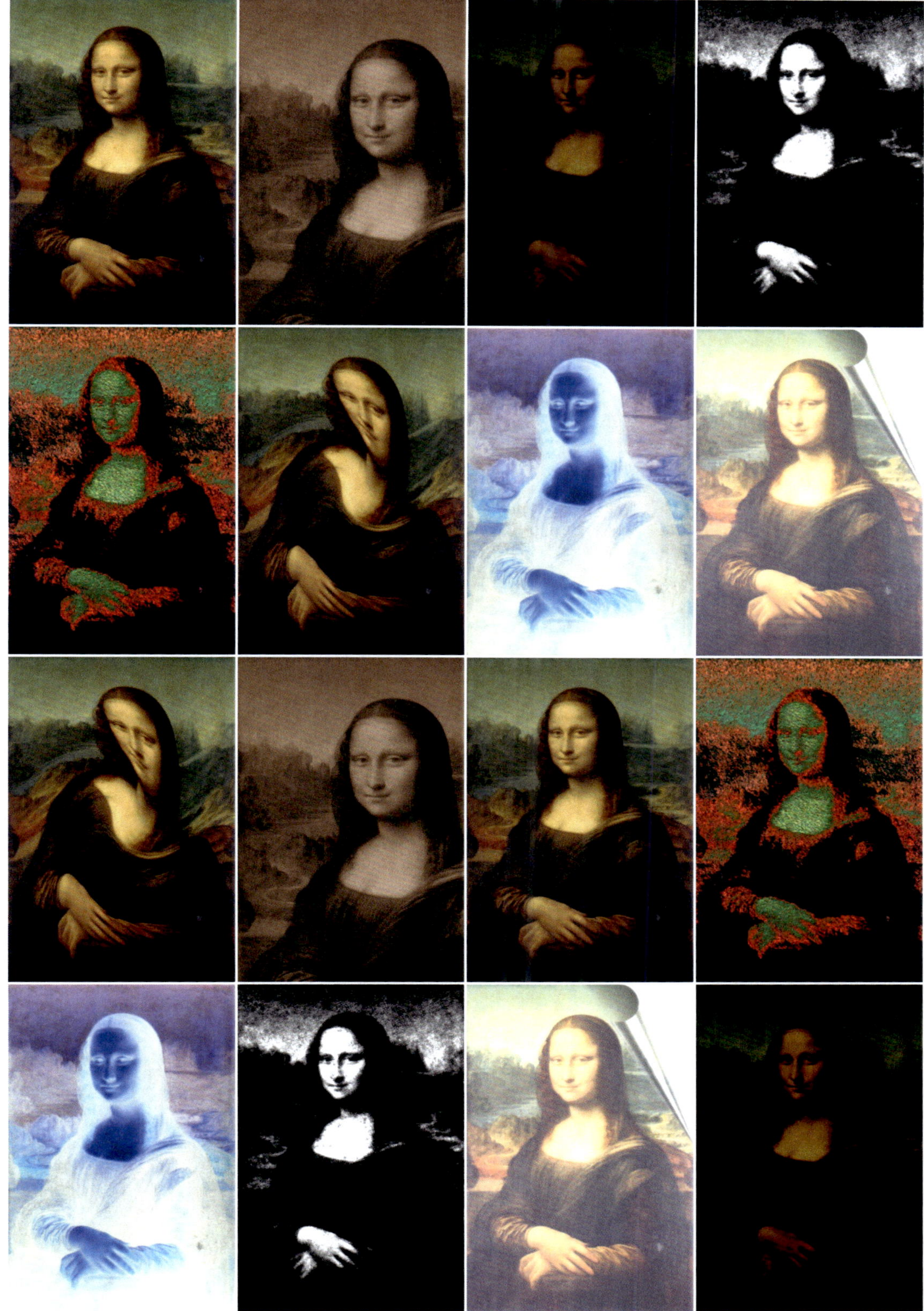

Das Bild **Mona Lisa** zeigt die Frau eines reichen Kaufmanns. Es zählt weltweit zu den teuersten Gemälden und wurde oft gefälscht. Hier sind alle Bilder doppelt vorhanden. Finde die zwei Originale.

Klebe alle Bildpaare auf Pappe oder Karton und schneide sie mit der Schere aus. Du erhältst ein kleines Memoryspiel, das du mit deinen Mitschülern spielen kannst.

Raffael **Die Schule von Athen** 1509 bis 1510 (Wandbild mit Zentralperspektive)

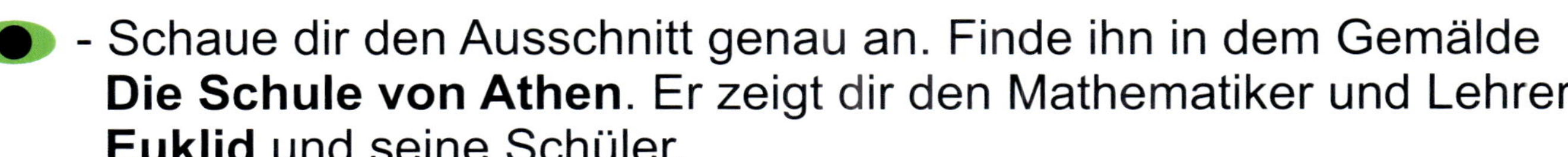

- Schaue dir den Ausschnitt genau an. Finde ihn in dem Gemälde **Die Schule von Athen**. Er zeigt dir den Mathematiker und Lehrer **Euklid** und seine Schüler.
- Beschreibe die Szene.

Male die Schüler an.

Barock *um 1600 bis 1700*

i Auftraggeber im **Barock** waren zumeist neben der Kirche und den Adligen zunehmend reiche Geschäftsleute. Diese Kunst fiel dadurch auf, das alles Dargestellte besonders wirklichkeitsgetreu, spannend und dramatisch wirkte. Es wurde oft mit hellen und dunklen bunten Farben gearbeitet.

Rembrandt war ein Meister der Dramatik. In seinem weltberühmten Bild **Die Nachtwache** malte er eine Gruppe von Männern, die in der Nacht Wache hielten. Sie sollten die Stadt vor Feinden und Bränden schützen. Die Einsatzbereitschaft und Entschlossenheit der Männer gab er ausdrucksstark wieder. Durch Schatten und das Aufeinandertreffen von kräftigen hellen und dunklen Farben erzeugte er noch viel mehr Spannung.

Die Barockkünstler begannen jetzt, Stillleben mit Obst, Gemüse, Gegenständen, Tieren und vieles mehr zu schaffen. **Georg Flegel** malte wunderbare Bilder dieser Art. In Porträts wurden die Menschen ungeschönt abgebildet, wie sie tatsächlich aussahen.

Prunkvolle Kirchen wurden gebaut, zum Beispiel die **Frauenkirche** in Dresden (Foto links). Ausdrucksstarke Skulpturen (Foto rechts) wurden gefertigt. Ein sehr berühmter Bildhauer war der Italiener **Gian Lorenzo Bernini**.

KOHL VERLAG Lernen mit Erfolg
KUNSTGESCHICHTE FÜR KINDER
Von der Höhlenmalerei bis zur modernen Kunst – Bestell-Nr. 12 284

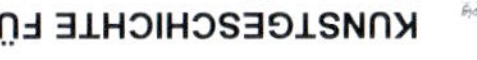

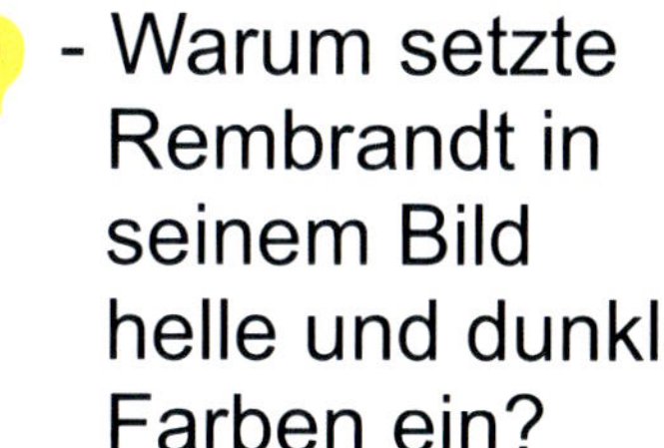

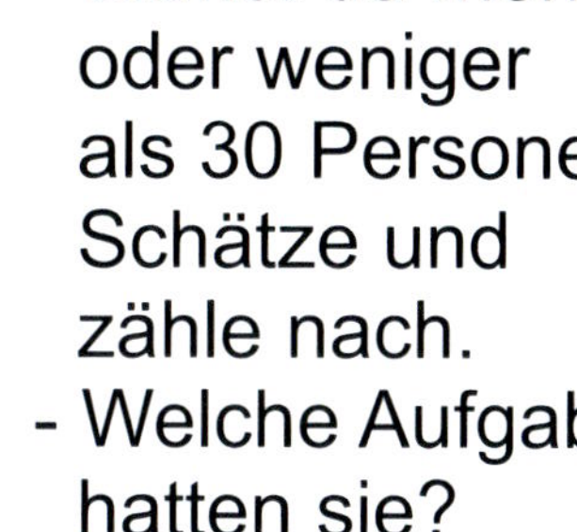

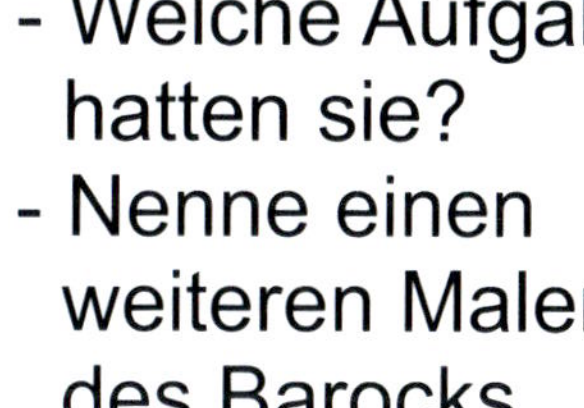

Rembrandt **Die Nachtwache** 1642

- Warum setzte Rembrandt in seinem Bild helle und dunkle Farben ein?
- Siehst du mehr oder weniger als 30 Personen? Schätze und zähle nach.
- Welche Aufgabe hatten sie?
- Nenne einen weiteren Maler des Barocks.

Klebe das Gemälde auf eine sehr feste Unterlage (Pappe oder Karton) und schneide die Felder mit der Schere aus. Fertig ist jetzt dein Rembrandt-Puzzle.

Finde das kleine Mädchen mit dem Federvieh und den Mann.

Male ihn an.

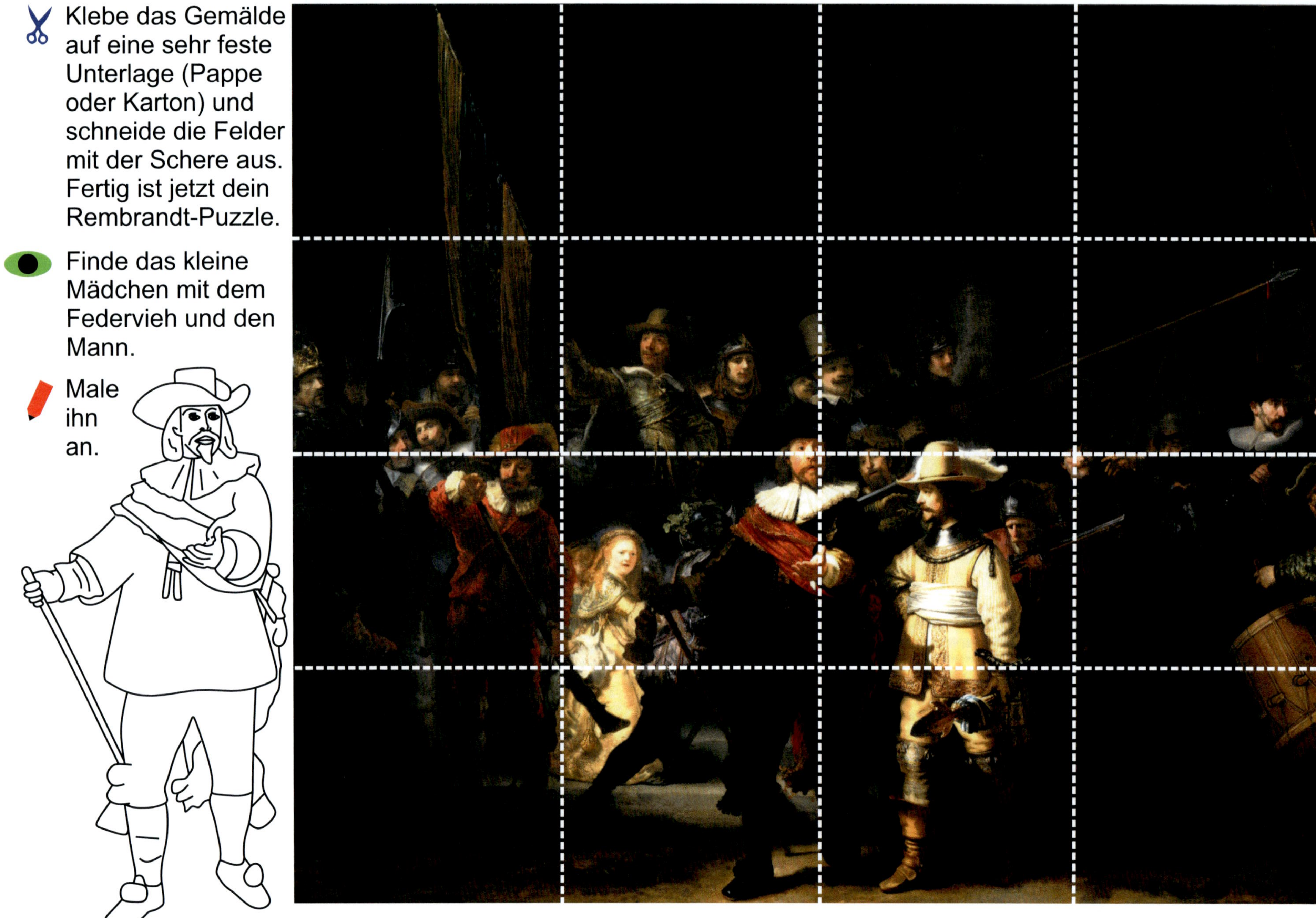

Georg Flegel **Pfirsichzweig** um 1630

Finde die Fliege in dem Bild **Pfirsichzweig**. Markiere sie.

Entwirf ein buntes Muster für den Krug. Male das Bild weiter an.

Romantik *um 1790 bis 1840*

i Die Künstler der **Romantik** waren begeistert und angeregt von der Natur. Sie hatten nach ihr Sehnsucht, wollten sie erforschen und nicht wirklichkeitsgetreu, sondern idealisiert malen. Das Aussehen der Landschaften wurde verändert, sodass sie manchmal schön, dramatisch und auch bedrohlich aussahen. So wollten die Künstler ihre Gefühle ausdrücken.

Von der schnell zunehmenden Verbreitung der technischen Neuheiten wandten sie sich weitestgehend ab. Immer mehr Maschinen gab es, die die Handarbeit ablösten. Das Streckennetz der Eisenbahn wuchs und die Städte wurden größer und schmutziger.
Manche Künstler interessierten sich wieder für das Mittelalter mit Burgen, Rittern, wilden Tieren und guten Geistern und zeichneten und malten Bilder zu Märchen und Sagen.
Caspar David Friedrich reiste zur Insel Rügen (Fotos unten) in der Ostsee, um das Bild **Kreidefelsen auf Rügen** zu malen. Es zeigt drei Personen, die wie Forscher neugierig untersuchend die Landschaft mit den weißen Felsen anschauen.

In dem Bild **Wanderer über dem Nebelmeer** drückt er Ehrfurcht und Respekt vor der Natur aus, wie es heute weltweit Umweltschützer und auch der Autor machen, der sich aktiv mit einer Bürgerinitiative gegen die Lagerung von radioaktiv strahlende Müll auf der Mülldeponie seiner Stadt einsetzt.
Der englische Künstler **Joseph Mallord William Turner** liefert weitere beeindruckende Bildbeispiele.

Caspar David Friedrich **Wanderer über dem Nebelmeer** um 1818

- Malten die Künstler der Romantik die Landschaften wirklichkeitsgetreu?
- Wo steht der Wanderer?
- Beschreibe, welches Gefühl du beim Anschauen des Bildes hast.

Überlege dir eine einsame Landschaft, in die der Wanderer schaut und zeichne sie besonders schön. Male sie an.

Male eine schöne Landschaft ohne Menschen, Tiere, Häuser und technische Dinge mit Pinseln und Tuschfarben auf einem großen Zeichenblockblatt.

Joseph Mallord William Turner
Cockermonth Castle
1810

Caspar David Friedrich
Kreidefelsen auf Rügen
1818

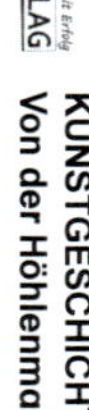

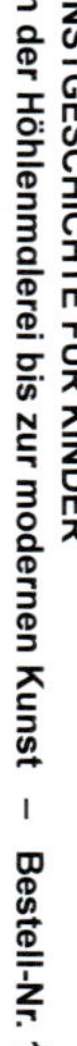

In dem Ausschnitt des Bildes **Kreidefelsen auf Rügen** ist die See zu sehen. Zeichne die See und zwei oder drei Segelboote dazu und male sie an.

Realismus *um 1850 bis 1900*

i Mitte des 19. Jahrhunderts veränderte sich radikal das Leben der Menschen. Immer mehr Maschinen wurden erfunden und eingesetzt. Fabriken entstanden und die Handarbeit wurde weniger. Viele Menschen arbeiteten in Fabriken unter harten und gesundheitlich schlechten Bedingungen und lebten teilweise in Armut. Die Städte wurden durch die Industrialisierung zunehmend größer und noch schmutziger.

Angesichts dieser Lebensbedingungen begannen viele Künstler, sich für den Alltag und das wirkliche Leben der Menschen zu interessieren. Sie nannten sich **Realisten** und ihre neue Kunstrichtung **Realismus**. Ihre Bilder zeigten den harten Alltag, Porträts von den Bauern und armen Menschen in einfacher oft schmutziger Kleidung und die rauen Landschaften. Die Menschen malten sie zumeist mit ausdruckslosen teilnahmslosen Gesichtern. Die eingesetzten Farben waren erdig und wenig bunt.

Gustave Courbet und **Jean-François Millet** gehören zu den bedeutendsten Vertretern des Realismus. Sie hielten zu den einfachen Menschen und machten mit ihren Bildern auf sie aufmerksam.

Das Gemälde **Die Kornsieberinnen** von Gustave Courbet zeigt, wie Bäuerinnen mühsam sitzend und kniend die Spreu vom Weizen trennen. Ein Junge an der Seite hilft mit. Im Hintergrund stehen gefüllte Säcke, die noch von einer guten Ernte zeugen.

In dem Bild **Ährenleserinnen** von Jean-François Millet wird die vorweggegangene Arbeit dargestellt. Ähren, die bei der Ernte auf dem Boden liegen geblieben sind, werden von den Frauen schweigend einzeln bei ständig gebückter Haltung aufgesammelt. Die Arbeit ist schwer. Die Landschaft im Hintergrund wurde nicht besonders schön und eindrucksvoll wie in der Romantik gemalt, sondern eher einfach. Die Bilder wurden in Paris auf Ausstellungen gezeigt und wurden so bekannt.

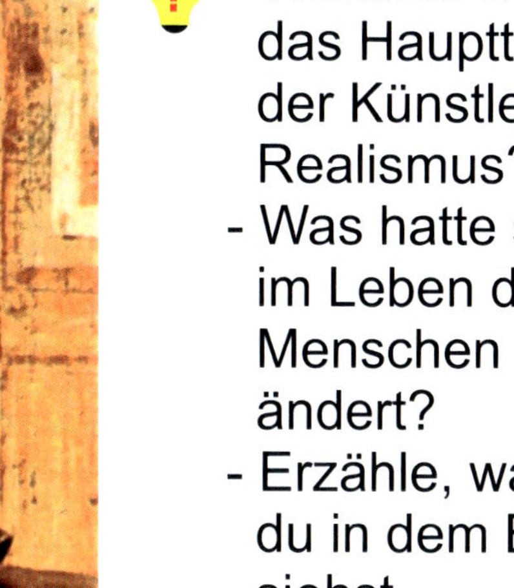

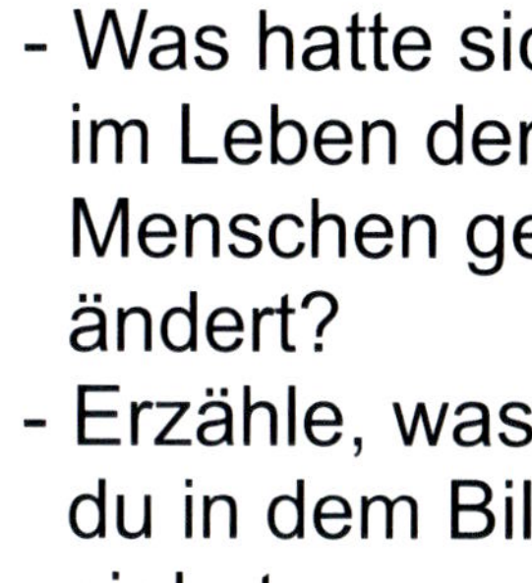

Gustave Courbet **Die Kornsleberinnen** 1854

- Welches war das Hauptthema der Künstler im Realismus?
- Was hatte sich im Leben der Menschen geändert?
- Erzähle, was du in dem Bild siehst.

- Zeichne die Kornsieberin auf der Strichlinie weiter.
- Male sie an. Ergänze auf dem Boden viele kleine Körner.
- Male einen Mann oder eine Frau bei der Arbeit mit Pinseln und Tuschfarben auf einem Zeichenblockblatt.

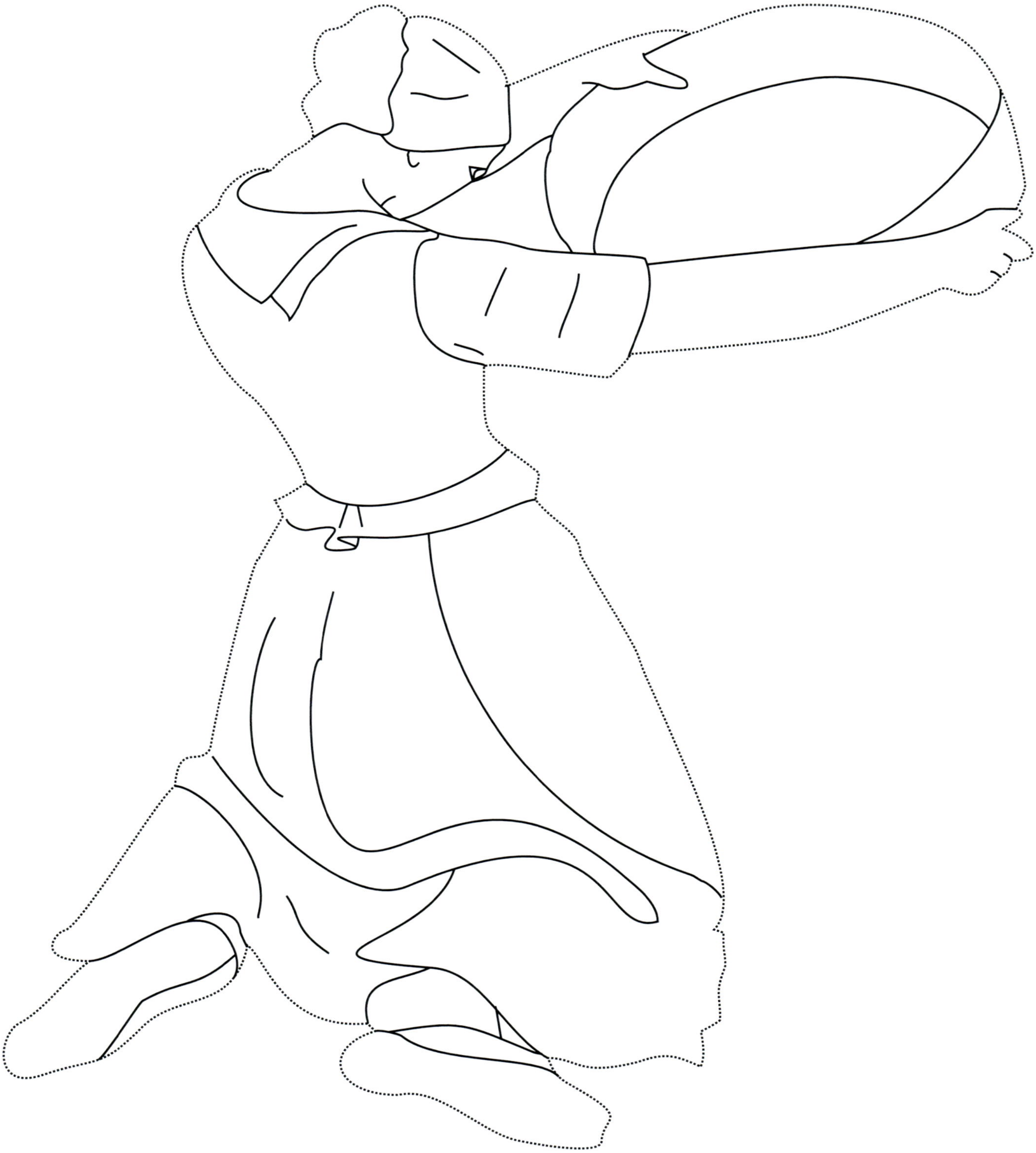

Jean-François Millet **Ährenleserinnen** 1857

Zeichne die zwei Frauen aus dem Ausschnitt des Gemäldes **Ährenleserinnen** weiter und male sie mit wenig bunten Farben an.

Impressionismus *um 1860 bis 1930*

i Die Stadt **Paris** (Foto oben) war damals das internationale Zentrum der Kunst und der Geburtsort des **Impressionismus**, der sich später in ganz Europa verbreitete.

Einige Künstler hatten ganz neue Vorstellungen von der Kunst. Sie wollten sich nicht mehr an die strengen Regeln der Kunstschulen halten und Inhalte nicht mehr genau mit Einzelheiten abbilden. Mit schnellen kurzen bunten Pinselstrichen und Farbtupfern wollten sie ihre Eindrücke mit Lichteffekten auf der Leinwand festhalten. Eindrücke nannten sie **Impressionen**. Daraus entstand der Begriff **Impressionismus**.
Zu ganz verschiedenen Tageszeiten malten sie, um die Wirkung des Lichtes auf ihre Motive zu zeigen. Ihre Hauptthemen waren Porträts, Stillleben, Landschaften und Motive aus dem Stadtleben.
Mit den gerade neu erfundenen zusammenklappbaren Staffeleien und Tuben mit bereits fertig gemischten Farben verließen die Künstler immer häufiger ihr Atelier, um im Freien zu malen.
Claude Monet malte in seinem Bild **Impression Sonnenaufgang** (Foto unten) keine Hafenszene mit Schiffen und Arbeitern, sondern die Stimmung mit der aufgehenden Sonne. Als er es erstmals auf einer Ausstellung zeigte, wurde behauptet, dass er nicht malen könne.

In dem Bild **Mohnfeld bei Argenteuil** stellt er verschwommen das Wetter und seine Freude an der Natur dar.
Pierre Auguste-Renoir, sein Freund, malte neben Landschaften Szenen aus dem Theater und Restaurants.

Claude Monet
Mohnfeld bei Argenteuil 1873

- Von welchem Begriff wurde **Impressionismus** abgeleitet?
- Wollten die Maler viele Einzelheiten oder einen Eindruck malen?
- Finde in dem Bild neben seiner Frau **Camille** und seinem Sohn **Jean** unten rechts weitere Personen.
- Welche sind die beiden Hauptfarben in dem Mohnfeld?

Male mit Farbstiften die Wiese grün an.

Tupfe anschließend mit einem Wattestäbchen rote Tuschfarbe als Mohnblumen auf die Wiese. Mit einem kräftigen Druck erhältst du große Blumen und mit einem schwachen Druck kleine.

Pierre-Auguste Renoir **Regatta bei Argenteuil** 1874

Male den Ausschitt aus Pierre-Auguste Renoirs Bild **Regatta bei Argenteuil** mit den Farbstiften an.

Male eine Segelregatta in deinem Stil mit Pinseln und Tuschfarben auf einem Zcichenblockblatt.

Expressionismus *um 1915 bis 1950*

i Die Künstler des **Expressionismus** wollten nicht wie die Künstler des Impressionismus ihren Eindruck wiedergeben, sondern ihren Ausdruck. Sie wollten die Not und Armut der Menschen in dieser Zeit, Angst, Einsamkeit, Krankheit und Tod darstellen. Das Ausgeliefertsein an als ungerecht empfundene Regeln und Gesetze sollte Thema werden. Gefühle sollten gezeigt werden.

Die Künstler wollten eigene Wege finden, gehen und einen neuen Stil finden. Die Bilder wurden nicht wirklichkeitsgetreu mit Einzelheiten gemalt, sondern fantasievoll und verfremdet. Kräftige Linien und grelle Farbigkeit wurden eingesetzt. Manche Inhalte waren verzerrt. Die Farben waren häufig nicht naturgetreu.

Hauptthemen waren Szenen des städtischen Lebens, Porträts, fantasievoll veränderte Menschen, Tiere und Gegenstände.

Bedeutende Künstler taten sich in den bekannten Gruppen zusammen: **Die Brücke** in Dresden (Foto links) mit **Erich Heckel** und **Ernst Ludwig Kirchner** und **Der Blaue Reiter** in München (Foto rechts) mit **Franz Marc**, **August Macke** und **Gabriele Münter.**

Franz Marc wollte die Natur nicht so darstellen, wie sie war. Er vereinfachte sie. Auch liebte er seit seiner Kindheit Tiere und die Farbe Blau. Wie ein Denkmal aus Stein malte er 1911 ein Pferd in dieser Farbe und gab dem Bild den Titel **Blaues Pferd**.

August Macke stellte oft Leute vor einem Schaufenster dar. In dem Bild **Hutladen** aus dem Jahr 1914 ist zu sehen, wie vereinfacht ohne Einzelheiten alles dargestellt ist. In dem Gesicht der Frau sind weder Augen und Nase noch Mund zu erkennen. Die Frau wirkt besonders einsam.

KOHL VERLAG Lernen mit Erfolg
KUNSTGESCHICHTE FÜR KINDER
Von der Höhlenmalerei bis zur modernen Kunst – Bestell-Nr. 12 284

Franz Marc **Blaues Pferd** 1911

- Malten die Künstler des Expressionismus alles wirklichkeitsgetreu?
- Welche Farbe war Franz Marcs Lieblingsfarbe?
- Würdest du das Pferd und den Hintergrund farbig anders darstellen?

- Zeichne den Kopf des Pferdes weiter.
- Male das Pferd blau an.

Male mit Pinseln und Tuschfarben ein Tier deiner Wahl mit einer Landschaft im Hintergrund auf einem großen Zeichenblockblatt. Die Farbe des Tieres soll nicht wirklichkeitsgetreu, sondern bunt sein.

August Macke **Hutladen** 1914

Zeichne in das Viereck, das ein großes Schaufenster darstellt, verschiedene Hüte.

i Kunstepochen

Höhlenmalerei *vor um 40.000 bis vor 15.000 Jahren*

40000 30000 20000 10000 0 Heute

Unbekannte Künstler

- Malereien und Zeichnungen an Decken und Wänden von Höhlen
- Höhle von Altamira und Lascaux
- Szenen mit und ohne Menschen und Tieren zur Dekoration und Beschwörung der Jagd

Ägyptische Kunst *um 3000 bis 30 v. Chr.*

4000 3000 2000 1000 0 1000 Heute

Unbekannte Künstler

- Pyramiden
- Malereien und Zeichnungen in den Grabkammern
- Ansichten bei Körperdarstellungen
- Hieroglypen
- Steinfiguren

Griechische Kunst *um 1000 bis 100 v. Chr.*

1000 500 100 0

Unbekannte Künstler

- Kunstvolle Tempel zur Verehrung der vielen Götter
- Säulen
- Wandmalereien
- Statuen mit Götter- und Menschendarstellungen aus Marmor, Ton und Bronze
- Vasen mit Mäander und Menschen- und Tierdarstellungen

i

Römische Kunst *um 100 v. Chr. bis 400 n. Chr.*

Unbekannte Künstler

- Kunst nach griechischem Vorbild und später nach eigenen Ideen
- Kolosseum, Brücken und Tore mit Stützbogen
- Wandmalereien mit der Darstellung von Göttern, Personen, Landschaften, Tieren, Pflanzen, Stillleben und Schlachten
- Skulpturen
- Mosaike für Fußböden

Mittelalter und Gotik *um 500 bis um 1500*

Giotto di Bondone, Duccio di Buoninsegna

- Kirche und Adlige als Hauptauftraggeber
- Malereien, Zeichnungen, Teppiche, Buntglasfenster, Skulpturen und Buchdruck
- Religiöse Themen
- Menschen mit ausdrucksstarken maskenhaften Gesichtern und meist fallender Kleidung

Renaissance *um 1450 bis 1600*

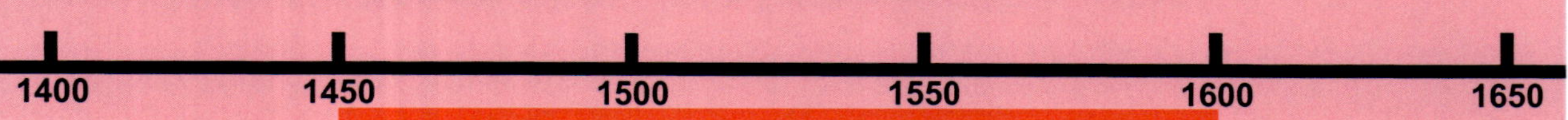

Leonardo da Vinci, Michelangelo und Raffael

- Kirche, Adlige und reiche Kaufleute als Hauptauftraggeber
- Austausch mit Wissenschaftlern
- Unverfälschte und genaue Darstellungen in Malereien, Zeichnungen
- Skulpturen
- Religiöse Themen
- Zentralperspektive

i

Barock *um 1600 bis 1700*

1500 1600 1700 1800

Rembrandt, Georg Flegel und Gianlorenzo Bernini

- Kirche, Adlige und reiche Kaufleute als Hauptauftraggeber
- Malereien, Zeichnungen, Skulpturen und Bauten
- Wirklichkeitsgetreue, spannende und dramatische Darstellung mit Einzelheiten, Schatten und Kontrasten mit hellen und dunklen Farben
- Ausdrucksstarke Skulpturen
- Unverfälschte und genaue Darstellungen in Malereien, Zeichnungen und Plastiken
- Porträts und Stillleben
- Zentralperspektive

Romantik *um 1790 bis 1840*

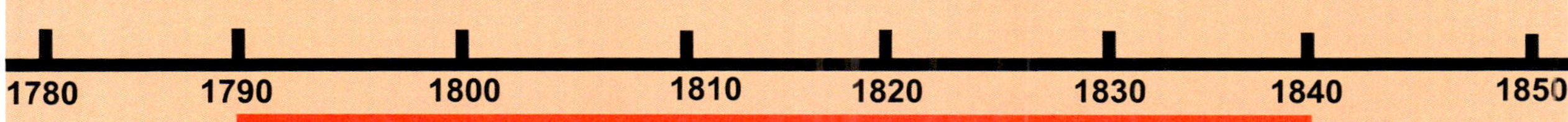

Caspar David Friedrich und Joseph Mallord William Turner

- Malereien
- Sehnsucht nach der Natur und später nach dem Mittelalter
- Ehrfurcht und Respekt vor Landschaften
- Idealisierte Darstellung von Landschaften
- Abkehr von zunehmender Verbreitung von Technik

Realismus *um 1850 bis 1900*

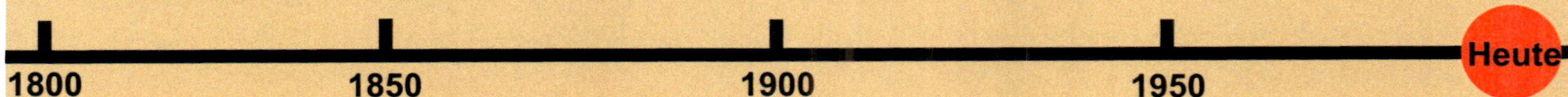

Gustave Courbet und Jean-Francois Millet

- Malereien und Zeichnungen
- Alltag, Porträts von den Bauern und armen Menschen und raue Landschaften
- Ausdruckslose und teilnahmslose Gesichter
- Anteilnahme der Künstler
- Erdige Farben, wenig Buntheit

i **Impressionismus** *um 1860 bis 1900*

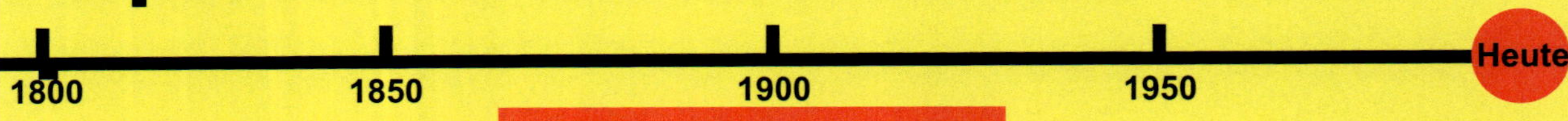

Claude Monet und Pierre-Auguste Renoir

- Malereien
- Porträts, Stillleben, Landschaften und Szenen aus dem Stadtleben
- Eindrücke mit Lichteffekten
- Kurze Pinselstriche, Tupfer
- Freiluftmalerei

Expressionismus *um 1915 bis 1950*

1850 1900 1950 Heute

Ernst Ludwig Kirchner, Erich Heckel, Franz Marc, August Macke und Gabriele Münter

- Malereien und Zeichnungen
- Szenen des städtischen Lebens, Porträts, fantasievoll veränderte Menschen, Tiere und Gegenstände
- Vereinfachter fantasievoller Ausdruck mit Verfremdung und Verzerrung
- Grelle Farbigkeit und Konturen
- Gefühlsausdruck